关于深化预算管理制度改革的决定

人民出版社

目　录

关于深化预算管理制度
改革的决定

国发〔2014〕45 号

各省、自治区、直辖市人民政府,国务院各部委、各直属
机构:

为贯彻落实党的十八大和十八届三中全会精神,按
照新修订的预算法,改进预算管理,实施全面规范、公开
透明的预算制度,现就深化预算管理制度改革作出如下
决定。

一、充分认识深化预算管理制度
改革的重要性和紧迫性

建立与实现现代化相适应的现代财政制度,对于优
化资源配置、维护市场统一、促进社会公平、实现国家长
治久安具有重要意义。改革开放以来,特别是 1995 年预

算法及预算法实施条例施行以来,在党中央、国务院的正确领导下,我国财政制度改革取得显著成效,初步建立了与社会主义市场经济体制相适应的公共财政制度体系,作为公共财政制度基础的预算管理制度也不断完善,为促进经济社会持续健康发展发挥了重要作用。

当前,我国已进入全面建成小康社会的关键阶段。随着经济社会发展,现行预算管理制度也暴露出一些不符合公共财政制度和现代国家治理要求的问题,主要表现在:预算管理和控制方式不够科学,跨年度预算平衡机制尚未建立;预算体系不够完善,地方政府债务未纳入预算管理;预算约束力不够,财政收支结构有待优化;财政结转结余资金规模较大,预算资金使用绩效不高;预算透明度不够,财经纪律有待加强等,财政可持续发展面临严峻挑战。

党的十八届三中全会确立了全面深化改革的总目标,并对改进预算管理制度提出了明确要求,今年《政府工作报告》也作出了部署。贯彻落实党的十八届三中全会精神和国务院决策部署,深化预算管理制度改革,实施全面规范、公开透明的预算制度,是深化财税体制改革,建立现代公共财政制度的迫切需要;是完善社会主义市场经济体制,加快转变政府职能的必然要求;是推进国家治理体系现代化,实现国家长治久安的重要保障。

二、准确把握深化预算管理
制度改革的总体方向

（一）指导思想。

深化预算管理制度改革，要以邓小平理论、"三个代表"重要思想、科学发展观为指导，全面贯彻党的十八大和十八届三中全会精神，落实党中央、国务院决策部署，按照全面深化财税体制改革的总体要求，遵循社会主义市场经济原则，加快转变政府职能，完善管理制度，创新管理方式，提高管理绩效，用好增量资金，构建全面规范、公开透明的预算制度，进一步规范政府行为，防范财政风险，实现有效监督，提高资金效益，逐步建立与实现现代化相适应的现代财政制度。

（二）基本原则。

遵循现代国家治理理念。按照推进国家治理体系和治理能力现代化的要求，着力构建规范的现代预算制度，并与相关法律和制度的修订完善相衔接。健全财政法律制度体系，注重运用法律和制度规范预算管理，提高政府公共服务水平。

划清市场和政府的边界。凡属市场能发挥作用的，财税等优惠政策要逐步退出；凡属市场不能有效发挥作用的,政府包括公共财政等要主动补位。

着力推进预算公开透明。实施全面规范、公开透明的预算制度,将公开透明贯穿预算改革和管理全过程,充分发挥预算公开透明对政府部门的监督和约束作用,建设阳光政府、责任政府、服务政府。

坚持总体设计、协同推进。既要注重顶层设计,增强改革的系统性、整体性、协同性,又要考虑外部环境和制约因素,实现与行政管理体制改革的有序衔接,合理把握改革的力度和节奏,确保改革顺利实施。

三、全面推进深化预算管理
制度改革的各项工作

(一)完善政府预算体系,积极推进预算公开。

1.完善政府预算体系。明确一般公共预算、政府性基金预算、国有资本经营预算、社会保险基金预算的收支范围,建立定位清晰、分工明确的政府预算体系,政府的收入和支出全部纳入预算管理。加大政府性基金预算、国有资本经营预算与一般公共预算的统筹力度,建立将政府性基金预算中应统筹使用的资金列入一般公共预算的机制,加大国有资本经营预算资金调入一般公共预算的力度。加强社会保险基金预算管理,做好基金结余的保值增值,在精算平衡的基础上实现社会保险基金预算的可持续运行。

2. 健全预算标准体系。进一步完善基本支出定额标准体系,加快推进项目支出定额标准体系建设,充分发挥支出标准在预算编制和管理中的基础支撑作用。严格机关运行经费管理,加快制定机关运行经费实物定额和服务标准。加强人员编制管理和资产管理,完善人员编制、资产管理与预算管理相结合的机制。进一步完善政府收支分类体系,按经济分类编制部门预决算和政府预决算。

3. 积极推进预决算公开。细化政府预决算公开内容,除涉密信息外,政府预决算支出全部细化公开到功能分类的项级科目,专项转移支付预决算按项目按地区公开。积极推进财政政策公开。扩大部门预决算公开范围,除涉密信息外,中央和地方所有使用财政资金的部门均应公开本部门预决算。细化部门预决算公开内容,逐步将部门预决算公开到基本支出和项目支出。按经济分类公开政府预决算和部门预决算。加大"三公"经费公开力度,细化公开内容,除涉密信息外,所有财政资金安排的"三公"经费都要公开。对预决算公开过程中社会关切的问题,要规范整改、完善制度。

（二）改进预算管理和控制，建立跨年度预算平衡机制。

1.实行中期财政规划管理。财政部门会同各部门研究编制三年滚动财政规划，对未来三年重大财政收支情况进行分析预测，对规划期内一些重大改革、重要政策和重大项目，研究政策目标、运行机制和评价办法。中期财政规划要与国民经济和社会发展规划纲要及国家宏观调控政策相衔接。强化三年滚动财政规划对年度预算的约束。推进部门编制三年滚动规划，加强项目库管理，健全项目预算审核机制。提高财政预算的统筹能力，各部门规划中涉及财政政策和资金支持的，要与三年滚动财政规划相衔接。

2.改进年度预算控制方式。一般公共预算审核的重点由平衡状态、赤字规模向支出预算和政策拓展。强化支出预算约束，各级政府向本级人大报告支出预算的同时，要重点报告支出政策内容。预算执行中如需增加或减少预算总支出，必须报经本级人大常委会审查批准。收入预算从约束性转向预期性，根据经济形势和政策调整等因素科学预测。中央一般公共预算因宏观调控政策需要可编列赤字，通过发行国债予以弥补。中央政府债务实行余额管理，中央国债余额限额根据累计赤字和应对当年短收需发行的债务等因素合理确定，报全国人大或其常委会审批。经国务院批准,地方一般公共预算为没有收益的公益性事业发展可编列赤字,通过举借一般债务予以弥补,地方政府一般债务规模纳入限额管理,由国务院确定并报全国人大或其常委会批准。加强政府性基金预算编制管理。政府性基金预算按照以收定支的原则,根据政府性基金项目的收入情况和实际支出需要编制;经国务院批准,地方政府性基金预算为有一定收益的公益性事业发展可举借专项债务,地方政府专项债务规模纳入限额管理,由国务院确定并报全国人大或其常委会批准。财政部在全国人大或其常委会批准的地方政府债务规模内,根据各地区债务风险、财力状况等因素测算分地区债务限额,并报国务院批准。各省、自治区、直辖市在分地区债务限额内举借债务,报省级人大或其常委会批准。国有资本经营预算按照收支平衡的原则编制,不列赤字。

3. 建立跨年度预算平衡机制。根据经济形势发展变化和财政政策逆周期调节的需要,建立跨年度预算平衡机制。中央一般公共预算执行中如出现超收,超收收入用于冲减赤字、补充预算稳定调节基金;如出现短收,通过调入预算稳定调节基金、削减支出或增列赤字并在经全国人大或其常委会批准的国债余额限额内发债平衡。地方一般公共预算执行中如出现超收,用于化解政府债务或补充预算稳定调节基金;如出现短收,通过调入预算稳定调节基金或其他预算资金、削减支出实现平衡。如采取上述措施后仍不能实现平衡,省级政府报本级人大或其常委会批准后增列赤字,并报财政部备案,在下一年度预算中予以弥补;市、县级政府通过申请上级政府临时救助实现平衡,并在下一年度预算中归还。政府性基金预算和国有资本经营预算如出现超收,结转下年安排;如出现短收,通过削减支出实现平衡。

(三)加强财政收入管理,清理规范税收优惠政策。

1.加强税收征管。各级税收征管部门要依照法律法规及时足额组织税收收入,并建立与相关经济指标变化情况相衔接的考核体系。切实加强税收征管,做到依法征收、应收尽收,不收过头税。严格减免税管理,不得违反法律法规的规定和超越权限多征、提前征收或者减征、免征、缓征应征税款。加强执法监督,强化税收入库管理。

2.加强非税收入管理。各地区、各部门要依照法律法规切实加强非税收入管理。继续清理规范行政事业性收费和政府性基金,坚决取消不合法、不合理的收费基金项目。加快建立健全国有资源、国有资产有偿使用制度和收益共享机制。加强国有资本收益管理,完善国家以所有者身份参与国有企业利润分配制度,落实国有资本

8

收益权。加强非税收入分类预算管理,完善非税收入征缴制度和监督体系,禁止通过违规调库、乱收费、乱罚款等手段虚增财政收入。

3. 全面规范税收优惠政策。除专门的税收法律、法规和国务院规定外,各部门起草其他法律、法规、发展规划和区域政策都不得突破国家统一财税制度、规定税收优惠政策。未经国务院批准,各地区、各部门不能对企业规定财政优惠政策。各地区、各部门要对已经出台的税收优惠政策进行规范,违反法律法规和国务院规定的一律停止执行;没有法律法规障碍且具有推广价值的,尽快在全国范围内实施;有明确时限的到期停止执行,未明确时限的应设定优惠政策实施时限。建立税收优惠政策备案审查、定期评估和退出机制,加强考核问责,严惩各类违法违规行为。

(四)优化财政支出结构,加强结转结余资金管理。

1. 优化财政支出结构。严格控制政府性楼堂馆所、财政供养人员以及"三公"经费等一般性支出。清理规范重点支出同财政收支增幅或生产总值挂钩事项,一般不采取挂钩方式。对重点支出根据推进改革的需要和确需保障的内容统筹安排,优先保障,不再采取先确定支出总额再安排具体项目的办法。结合税费制度改革,完善相关法律法规,逐步取消城市维护建设税、排污费、探矿权和采矿权价款、矿产资源补偿费等专款专用的规定,统筹安排这些领域的经费。统一预算分配,逐步将所有预算资金纳入财政部门统一分配。在此之前,负责资金分配的部门要按规定将资金具体安排情况及时报财政部门。

2.优化转移支付结构。完善一般性转移支付增长机制,增加一般性转移支付规模和比例,逐步将一般性转移支付占比提高到60%以上;明显增加对革命老区、民族地区、边疆地区和贫困地区的转移支付;中央出台增支政策形成的地方财力缺口,原则上通过一般性转移支付调节。要大力清理、整合、规范专项转移支付,在合理界定中央与地方事权的基础上,严格控制引导类、救济类、应急类专项转移支付,属地方事务的划入一般性转移支付。对竞争性领域的专项转移支付逐一进行甄别排查,凡属"小、散、乱"以及效用不明显的要坚决取消,其余需要保留的也要予以压缩或实行零增长,并改进分配方式,减少行政性分配,引入市场化运作模式,逐步与金融资本相结合,引导带动社会资本增加投入。对目标接近、资金投入方向类同、资金管理方式相近的专项转移支付予以整合。规范专项转移支付项目设立,严格控制新增项目和资金规模,建立健全专项转移支付定期评估和退出机制。加快修订完善中央对地方转移支付管理办法,对转移支付项目的设立、资金分配、使用管理、绩效评价、信息公开等作出规定。研究建立财政转移支付同农业转移人口市民化挂钩机制。在明确中央和地方支出责任的基础上,认真清理现行配套政策,对属于中央承担支出责任的事项,一律不得要求地方安排配套资金;对属于中央和地方分担支出责任的事项,由中央和地方按各自应分担数额安排资金。各地区要对本级安排的专项资金进行清理、整合、规范,完善资金管理办法,提高资金使用效益。

3. 加强结转结余资金管理。建立结转结余资金定期清理机制,各级政府上一年预算的结转资金,应当在下一年用于结转项目的支出;连续两年未用完的结转资金,应当作为结余资金管理,其中一般公共预算的结余资金,应当补充预算稳定调节基金。各部门、各单位上一年预算的结转、结余资金按照财政部的规定办理。要加大结转资金统筹使用力度,对不需按原用途使用的资金,可按规定统筹用于经济社会发展亟需资金支持的领域。建立预算编制与结转结余资金管理相结合的机制,细化预算编制,提高年初预算到位率。建立科学合理的预算执行进度考核机制,实施预算执行进度的通报制度和监督检查制度,有效控制新增结转结余资金。

4. 加强政府购买服务资金管理。政府购买服务所需资金列入财政预算,从部门预算经费或者经批准的专项资金等既有预算中统筹安排,支持各部门按有关规定开展政府购买服务工作,切实降低公共服务成本,提高公共服务质量。

(五)加强预算执行管理,提高财政支出绩效。

1.做好预算执行工作。硬化预算约束,年度预算执行中除救灾等应急支出通过动支预备费解决外,一般不出台增加当年支出的政策,一些必须出台的政策,通过以后年度预算安排资金。及时批复部门预算,严格按照预算、用款计划、项目进度、有关合同和规定程序及时办理资金支付,涉及政府采购的应严格执行政府采购有关规定。进一步提高提前下达转移支付预计数的比例,按因素法分配且金额相对固定的转移支付提前下达的比例要达到90%。加快转移支付预算正式下达进度,除据实结算等特殊项目外,中央对地方一般性转移支付在全国人大批准预算后30日内正式下达,专项转移支付在90日内正式下达。省级政府接到中央一般性转移支付或专项转移支付后,应在30日内正式下达到县级以上地方各级政府。规范预算变更,各部门、各单位的预算支出应当按照预算科目执行。不同预算科目、预算级次或者项目间的预算资金需要调剂使用的,按照财政部的规定办理。

2.规范国库资金管理。规范国库资金管理,提高国库资金收支运行效率。全面清理整顿财政专户,各地一律不得新设专项支出财政专户,除财政部审核并报国务院批准予以保留的专户外,其余专户在 2 年内逐步取消。规范权责发生制核算,严格权责发生制核算范围,控制核算规模。地方各级财政除国库集中支付年终结余外,一律不得按权责发生制列支。按国务院规定实行权责发生制核算的特定事项,应当向本级人大常委会报告。全面清理已经发生的财政借垫款,应当由预算安排支出的按规定列支,符合制度规定的临时性借垫款及时收回,不符合制度规定的借垫款限期收回。加强财政对外借款管理,各级财政严禁违规对非预算单位及未纳入年度预算的项目借款和垫付财政资金。各级政府应当加强对本级国库的管理和监督,按照国务院的规定完善国库现金管理,合理调节国库资金余额。

3. 健全预算绩效管理机制。全面推进预算绩效管理工作,强化支出责任和效率意识,逐步将绩效管理范围覆盖各级预算单位和所有财政资金,将绩效评价重点由项目支出拓展到部门整体支出和政策、制度、管理等方面,加强绩效评价结果应用,将评价结果作为调整支出结构、完善财政政策和科学安排预算的重要依据。

4. 建立权责发生制的政府综合财务报告制度。研究制定政府综合财务报告制度改革方案、制度规范和操作指南,建立政府综合财务报告和政府会计标准体系,研究修订总预算会计制度。待条件成熟时,政府综合财务报告向本级人大或其常委会报告。研究将政府综合财务报告主要指标作为考核地方政府绩效的依据,逐步建立政府综合财务报告公开机制。

(六)规范地方政府债务管理,防范化解财政风险。

1. 赋予地方政府依法适度举债权限,建立规范的地方政府举债融资机制。经国务院批准,省、自治区、直辖市政府可以适度举借债务;市县级政府确需举借债务的由省、自治区、直辖市政府代为举借。政府债务只能通过政府及其部门举借,不得通过企事业单位等举借。地方政府举债采取政府债券方式。剥离融资平台公司政府融资职能。推广使用政府与社会资本合作模式,鼓励社会资本通过特许经营等方式参与城市基础设施等有一定收益的公益性事业投资和运营。

2. 对地方政府债务实行规模控制和分类管理。地方政府债务规模实行限额管理,地方政府举债不得突破批准的限额。地方政府债务分为一般债务、专项债务两类,分类纳入预算管理。一般债务通过发行一般债券融资,纳入一般公共预算管理。专项债务通过发行专项债券融资,纳入政府性基金预算管理。

3. 严格限定政府举债程序和资金用途。地方政府在国务院批准的分地区限额内举借债务,必须报本级人大或其常委会批准。地方政府举借债务要遵循市场化原则。建立地方政府信用评级制度,逐步完善地方政府债券市场。地方政府举借的债务,只能用于公益性资本支出和适度归还存量债务,不得用于经常性支出。

4.建立债务风险预警及化解机制。财政部根据债务率、新增债务率、偿债率、逾期债务率等指标,评估各地区债务风险状况,对债务高风险地区进行风险预警。债务高风险地区要积极采取措施,逐步降低风险。对甄别后纳入预算管理的地方政府存量债务,各地区可申请发行地方政府债券置换,以降低利息负担,优化期限结构。要硬化预算约束,防范道德风险,地方政府对其举借的债务负有偿还责任,中央政府实行不救助原则。

5.建立考核问责机制。把政府性债务作为一个硬指标纳入政绩考核。明确责任落实,省、自治区、直辖市政府要对本地区地方政府性债务负责任。地方各级政府要切实担负起加强地方政府性债务管理、防范化解财政金融风险的责任,政府主要负责人要作为第一责任人,认真抓好政策落实。

(七)规范理财行为,严肃财经纪律。

1.坚持依法理财,主动接受监督。各地区、各部门要严格遵守预算法、税收征收管理法、会计法、政府采购法等财税法律法规,依法行使行政决策权和财政管理权,自觉接受人大监督和社会各界的监督。建立和完善政府决算审计制度,进一步加强审计监督。推进预算公开,增强政府理财工作的透明度,减少政府自由裁量权,让财政资金在阳光下运行。

2. 健全制度体系,规范理财行为。要健全预算编制、收入征管、资金分配、国库管理、政府采购、财政监督、绩效评价、责任追究等方面的制度建设,扎紧制度的篱笆。要规范理财行为,严格按照规范的程序和要求编报预决算,按规定的用途拨付和使用财政资金,预决算编报都要做到程序合法、数据准确、情况真实、内容完整。

3. 严肃财经纪律,强化责任追究。财经纪律是财经工作中必须遵守的行为准则,也是预算管理制度改革取得成效的重要保障。地方各级政府要对本地区各部门、各单位财经纪律的执行情况进行全面检查,通过单位自查、财政部门和审计机关专项检查,及时发现存在的问题。强化责任追究,对检查中发现的虚报、冒领、截留、挪用、滞留财政资金以及违规出台税收优惠政策等涉及违规违纪的行为,要按照预算法等法律法规的规定严肃处理。

四、切实做好深化预算管理制度
改革的实施保障工作

深化预算管理制度改革涉及制度创新和利益关系调

整,任务艰巨,面临许多矛盾和困难。各地区、各部门要从大局出发,进一步提高认识,把思想和行动统一到党中央、国务院的决策部署上来。要以高度的责任感、使命感和改革创新精神,切实履行职责,加强协调配合,认真落实各项改革措施,合力推进预算管理制度改革。要坚持于法有据,积极推进相关法律法规的修改工作,确保在法治轨道上推进预算管理制度改革。本决定有关要求需要与法律规定相衔接的,按法律规定的程序做好衔接。要加强宣传引导,做好政策解读,为深化预算管理制度改革营造良好的社会环境。财政部要抓紧制定深化预算管理制度改革的具体办法,印发各地区、各部门执行。各地区要结合本地实际情况制定具体政策措施和工作方案,切实加强组织领导,确保改革顺利实施。

国 务 院

2014 年 9 月 26 日

图书在版编目(CIP)数据

关于深化预算管理制度改革的决定.-北京:人民出版社,2014.10
ISBN 978-7-01-014069-8

Ⅰ.①关… Ⅱ. Ⅲ.①预算管理-财政管理体制-体制改革-文件-
中国 Ⅳ.①F812.3

中国版本图书馆 CIP 数据核字(2014)第 232471 号

关于深化预算管理制度改革的决定
GUANYU SHENHUA YUSUAN GUANLI ZHIDU GAIGE DE JUEDING

人民大版社 出版发行
(100706 北京市东城区隆福寺街 99 号)

北京汇林印务有限公司印刷 新华书店经销

2014 年 10 月第 1 版 2014 年 10 月北京第 1 次印刷
开本:880 毫米×1230 毫米 1/32 印张:0.75
字数:12 千字 印数:00,001-10,000 册

ISBN 978-7-01-014069-8 定价:3.00 元

邮购地址 100706 北京市东城区隆福寺街 99 号
人民东方图书销售中心 电话 (010)65250042 65289539